# 당신이 자꾸 뒤돌아보네

최준렬 시집

문학의전당 시인선
0318

# 당신이 자꾸 뒤돌아보네

최준렬 시집

문학의전당

**시인의 말**

내 육신을 만들어 주셨고
내 영혼의 꽃밭을 가꾸어 주셨던
어머니께서 얼마 전에
내 곁을 떠나가셨다

어머니 영전에
이 시집을 바친다


2020년 2월
최준렬

**차례**　　　　　시인의 말

## 제1부

매듭　13
봄의 절정　14
멀티탭(multi-tap)　16
산란탑　18
꽃 마중　20
능소화　21
진료실에서　22
범어사에서　24
메꽃　25
세신사(洗身師)　26
문신(文身)　28
봄의 골프　29
라이 따이한　30
점(占)을 보다　32
신앙촌　34
혀에 대하여　36

## 제2부

봄비 39
환갑(還甲) 40
노모 42
소행성 44
어머니의 심장 46
보육원 47
고향 48
병실에서 50
납골당 52
추석 53
세밑 54
거울 앞에서 56
3월 58
영정사진 60
석별(惜別) 62
대청소 64

## 제3부

철 십자가 앞에서 67

라이딩 68

빈 무덤 70

만추(晚秋) 71

너에게 박수를 72

매미 74

여름밤 75

완벽한 타인 76

사각 가로수 78

가심비(價心比) 79

강가에서 80

겨울 아침 82

새벽 풍경 83

가을 산행 84

전주역에서 86

바람의 길 88

## 제4부

비 내리는 까미노　91
해변의 모스크　92
송년의식　94
광저우에서　96
와인의 샘　98
루르드 성모　99
피레네 산맥에서 묻다　100
야고보 님을 만나다　102
순례자　104
야고보 서(書)　106
프랑크푸르트 공항　108
야고보의 길　109
하이, 야고보　110
산티아고 대성당에서　112
발자국 소리　113
Camino de Santiago　114
굿바이, 야고보　118

**해설** │ 사모곡(思母曲)에서 출발하는 순례길　119
문성해(시인)

# 제1부

# 매듭

새로 시작한다는 것은
매듭 하나를 맺고 가는 것이다

밤과 낮의 매듭
봄 여름 가을 겨울의 매듭
작년과 올해의 매듭

대나무가 하늘 높이
올라갈 수 있는 것도
매듭을 짓기 때문

매번 죄를 짓고 또 고백하는
내 고해성사의 의식도
매듭 같은 것이다

## 봄의 절정

모든 것의 절정에는 정적이 있다

날려 보낸 종이비행기
하강 직전의 정적을
봄의 절정에서 본다

푸른 섬진강 위로
포물선을 그리며 이동하는
해오라기의 비행 궤적
그 꼭짓점에도 정적이 머문다

벚꽃터널 우듬지에는
낙화 직전의 수런거림이 멈춘
정적이 쌓여 있다

움직이면 꽃이 질까
팔 꼭 껴안고 서 있는 나무

걸어가면 꽃잎 날릴까
얼음이 되어버리는 바람
순간, 정물이 되어버리는 벌들의 날갯짓

꽃술을 둘러싼 꽃잎
꽃잎을 움켜쥔 꽃받침의
조용한 악력 아래에서
걸음을 멈춘다

봄의 절정 속에
정적처럼 갇혀버린다

## 멀티탭(multi-tap)

일터의 모든 스위치를 내리는 일은
하루의 일과를 끝내는 것

집에 들어와 또다시
스위치를 내리는 곳,
나의 케렌시아*는
아늑한 침실이다

모든 빛과 소음이 사라진 시간
침대에 누워 낮 동안 켜두었던
여러 의식의 스위치도
하나 둘씩 끈다

이제 죽음처럼 조용한 잠의 국경을
넘으면 되는 순간,
마지막 스위치를 꺼도
누전처럼 저릿거리는 얼굴이 있다

잔류전하로 남아 있는 추억이
와이파이처럼 퍼져 나오는
너의 전기장 속에서

지난 일들이
얼룩을 만들고 있다

---

＊케렌시아(Querencia): 스트레스와 피로를 풀며 안정을 취할 수 있는 공간.

# 산란탑


숨을 불어넣는 물줄기
얕은 강바닥을 배지느러미로 비질하듯 정리하고
금강어름치가 알을 낳는다

알들이 떠내려가지 않게
입으로 모래자갈 물어다 탑을 쌓는다

하얀 돌기
온몸에 돋아나는
어름치의 치성으로 완성된 성채

그 안
부유하다 가라앉는 알 속에서
새끼 어름치들이 몸을 키운다

황금빛 씨앗들 누렇게 떠가는
금강 위로 부화등처럼
태양이 걸려 있다

침전한 사금으로 쌓아 올린
황금빛 탑 하나

아름다운 노을집을 찾아가는
저녁 해와 헤어져
분만실 같은 산란탑을
야간 당직하듯 지키는 금강어름치

## 꽃 마중

첫차는 무채색 패딩을 입은 사람들로 가득하다

나 홀로 봄옷 챙겨 입고 섬진강을 찾아간다
해찰하면서 오는 봄을 손잡아 데려올 참이다

동백꽃과 짧은 연애를 하다
손 놓지 못하는 진달래꽃

사랑 나누는 꿩들의 침실을 망보다
화들짝 놀라는 산벚꽃

풍성해진 목련꽃나무
만삭의 임신부처럼 느리게 걸어오고 있다

## 능소화

다가가고 싶어
밤마다 팔 뻗어 담을 넘다가

아침이면 고백했던 말들
꽃잎으로 얼굴 내민다

현기증 이는 태양 아래서
얼마나 더 기다려야
사랑은 오는 걸까

오랜 단식의 뒤끝처럼
목말라 뚝 떨어진
꽃 뭉치들

금지된 사랑 꿈꾸다
자살하듯 뛰어내린
담장 밖 주홍 글씨

## 진료실에서

노인은
오후의 시간에 왔다

울먹이며 손자의 어미를
찾아야겠다고 한다

초등학생이 된 손자가
엄마를 찾아오지 않으면
학교에 가지 않겠다고 한다

그 아이를 받았던 내게
차트를 찾아보면
어미의 주민등록번호라도 알 수 있지 않겠냐며
통사정을 한다

안 된다
그건 안 되는 일이다
손사래를 쳐서 내보낸다

엄마는 찾지 않는데
기억에도 없는 엄마를 아이는 왜 찾는 것일까

남의 일처럼 건조하게 물으면서
내 마음을 다독거린다

## 범어사에서

더 쌓이기 전에
마음 비우러 갔다

벚나무 터널 아래
몇 개 떨어진 나뭇잎
학승이 쓸어내고 있다

저 대빗자루로
분분히 날렸던 꽃잎들
일주문 밖으로
쓸어냈을 것이다

처마에서 떨어지는
푸른 풍경 소리
빈 마음에 담아 왔다

## 메꽃

나팔꽃이 되지 못해
아무 데나
버려지듯 핀 꽃

오후까지 길가에 모여
이야기 나누다
트럼펫처럼
웃는 꽃

있는 듯
없는 듯

저 혼자 웃는 꽃

## 세신사(洗身師)

긴 성묫길에서 돌아온 지친 몸을
온탕에 부풀려
세신사에게 맡긴다

여진족의 언어처럼
귀에 잘 들어오지 않는 발음과
청나라의 무력이 전해지는 지압(指壓)
헤아릴 수 없는 무뚝뚝한 표정이다

때를 밀어서 떼돈을 벌어
흑룡강변에 멋진 집을 지을 꿈이
잠깐의 미소로 피었다 진다

강 위에 떠 있을
한가위 달

그리운 향수와
이국의 고단함을

세신사 손끝에 배어 있는
담배 냄새에서 맡는다

# 문신(文身)


공항 에스컬레이터를 타고 오르는
앞선 여자의 발목에
수화물의 태그처럼 새겨진 문신

어느 공항 입국장에서
컨베이어 짐처럼 쏟아져 나오는 사람들 속에서
사내는 바코드 같은 문신으로
여자를 찾아낼까

스캐너를 발목에 대면
흰 블라우스에 빨간 코스모스로
힘껏 꽃도장 찍고 달아나던
소년의 이력까지 알 수 있을까

# 봄의 골프

꽃 다칠까
연습장에 가서 영점 조정하듯
샷을 벼르고 나간 골프장

저공비행하는 나비를 피해
높게 띄워 보내는 골프공

나무들 연둣빛 레이스 옷 들출까
봄바람처럼 스윙을 한다

어린 새싹 다치지 않게
몇 번의 궁리 끝에 내려친
골프채에 묻어 있는
봄의 연둣빛 피부

## 라이 따이한


사이공 강 유람선
낯익은 듯 다가와
어디에서 왔느냐 너는 물었고
나는 Korea라 말한다

단정하게 손질한 머리와
주황색 셔츠가 눈부신 너는
유니폼 위 Kim으로 시작되는 이름표를
손가락으로 짚는다

너의 아버지는 다낭으로 상륙한
용감한 기관총 사수(射手)

어둠이 내려앉은 사이공 강
화려한 조명의 선상에 울려 퍼지는
"열여덟 딸기 같은 어린 내 순정
너마저 몰라주면 나는 나는 어쩌나"

어린 어미와 너는

사이공 강가에 앉아
무심히 떠내려가는 부레옥잠을
바라보다 집에 갔을 것이다

부초처럼 잠깐 머물다 떠나간 Kim 상사

어느새 너는
베트남 Kim씨 시조로 발아해
신화처럼 무성한 가계도를 그려 나가고 있다

## 점(占)을 보다

아침마다 주방에 서서
하루의 점을 본다

삶은 계란 까는 일
쉽지 않다

손쉽게 껍질 벗겨낼 묘책을 포기하고
이제는 하루 운세를 보듯
계란을 깐다

여기저기 살점 뜯긴 계란을 보면
오늘은 어떤 험한 일 기다리고 있을까
그 파장 내가 감당할 수 있을까

걱정된다

껍질 말끔히 벗겨낸 아침이면
소중한 인연

이렇게 손잡을 수 있을까
설렌다

# 신앙촌

따개비처럼 덕지덕지 붙어 있던
산비탈 집들 사라졌다

김장배추 파종하기 위해
잡초처럼 뽑아낸 누옥들

정리된 정적이
경사진 공터를 덮고 있다

먼지처럼 떠돌던 교리조차
물조리개가 지나가듯
가을비가 씻어 내리고

배교(背敎)의 짐을 싸서
왕주처럼 야반도주했던
가파른 내리막길도

민달팽이처럼

세간살이 하나 없이 기어 올라온
골목길도 이제는 없다

고층 아파트에서 던지는 멸시를 견디며
남루를 끝까지 지키려 했던 자존심은
어디로 떠난 것일까

유기견 한 마리 남기지 않고
그 많던 역사
휴거처럼 사라졌다

## 혀에 대하여

저녁 식사를 하다
혀를 깨물었다

음식 맛에 집중하지 않고
궤도를 이탈한 혀

과부하 걸린 신경회로와
한 잔 술에 박자 놓친 턱관절이 만든
칼날 같은 형벌이다

입 안 가득 침묵 고이면 나을까
마음 가득 고요가 차면 치유될까

# 제2부

# 봄비

급한 노크처럼
빗방울이 두드리는
택시 안에서

봄비처럼 실컷 울었다

자갈밭 같은 마음에
내리는 비

내 영혼의 모든 불화(不和)가
서로 부딪히면서

비가 내렸다

## 환갑(還甲)


요즈음 환갑잔치 하는 사람이 어디 있느냐
손사래 치는 친구에게
그래도 우리끼리 술 한잔하자며 불러냈다

친구는 술잔을 들고
한 바퀴 더 돌자고 제안한다

60갑자(甲子)
무사히 한 바퀴 돌았으면 됐지,
또 한 바퀴 돌자고?

역병과 사고와 IMF 환란의
아슬아슬한 곡예 속에서
크게 상하지 않고 지나온 길

정말 다시 한 바퀴 더 돌 수 있을까
무사히 반 바퀴만 더 돌아도
그만한 행운이 없을 텐데

만남보다 이별이
더 많이 도사린 길 위에서
꿋꿋할 수만 있다면
까짓것 한 바퀴 더 돌아보자고
술기운 빌어 연신 건배를 한다

# 노모

백수(白壽)를 앞둔 어머니를 뵈러
고향에 갔네

어머니와 둘이서
잠을 잤지

소소한 걱정 같은 건
이미 낙엽처럼 털어내시고
어머니는 겨울 나목처럼
정갈하게 주무시네

어둠 속에서 어머니는
사라진 사람처럼 보이지 않아

창으로 스며든 달빛 속에서
이불 속 베개 하나처럼 들어가 있는
어머니를 겨우 찾아내네

언젠가 있을 소멸을
미리 준비하시는 어머니

어머니가 나를 안아 키웠듯
이제는 작아진 어머니를
내가 안아 재워드리고 싶네

## 소행성

태풍의 전조다
히말라야시다 우듬지가 불안하게 흔들리고
그 위로 굵은 빗방울이 떨어진다

노모가 누워 있는 침대를 등지고 서서
병실 창밖을 바라보다 돌아서서
어머니와 눈을 맞추면

흰 머리칼 위로
후드득 떨어지는 눈물,
입술을 깨물어야 멈출 수 있는

제가 손 꼭 잡고 있으니
어머니 무서워 말아요

저를 사랑해주셨고
제가 사랑하는
그것만으로 충분한

우리 둘만의 우주를 만들어요

지구와 같은 궤도를 도는
이 병실만 한 소행성

시냇물 하나와
한 평의 꽃밭으로만 이루어진
어머니와 나의 별

이별이 없고 그래서 눈물도 없는

언제나 손 내밀면 잡을 수 있는
어머니와 나

어린 왕자가 손님으로 오면
더 이상 앉을 자리가 없는
그런 곳으로 가요

# 어머니의 심장

숨 가쁘게 올라오는
산소방울을 들이쉬는
고단한 노모에게서
내 노년을 본다

내 아득한 미래까지
몸소 보여주고 싶은 걸까

깃털처럼 누워 있는 몸
그조차 버거운 심장

얼마나 더 가벼워져야
감당할 수 있을까

수레처럼 무거운 식솔들
언덕 위에 끌어다 놓고
고장 난 어머니의 엔진

## 보육원

아빠,
나를 데려가지도 않을 거면서
왜 오셨나요

친구들과 잘 어울려 지내는
추석날

왜, 나를
이렇게 흔들어놓고 가요

하늘도 저녁노을로
붉게 울어요

## 고향

보청기를 잠시 빼놓은 상리댁
열어놓은 문으로
개망초꽃 무성한 묵정밭을 이따금 내다보며
화투 패를 뗀다

낡은 집 서까래 지탱하는
작대기 같은 지팡이에 의지해
위태롭게 서 있는 중리댁
대문 밖 응시하며 경계 늦추지 않는다

형체만 남아 있는 돌우물
아침이면 구정물처럼 쏟아내던 시어머니 험담이
지층처럼 쌓여 있는 미나리꽝을 바라보는 하리댁도
이제는 시어머니처럼 늙었다

장다리댁 넷째 아들이라고 소리 지르듯 인사해도
경기하듯 흔드는 흰머리처럼
그녀의 과거도 하얗게 비어간다

용마루 서슬 퍼렇던 원리댁네
흔적 없이 사라진 빈터에는
잠자리에 들기 전
마지막 화장실을 찾는 개들이 어슬렁거린다

# 병실에서

노을이 커튼처럼
병실 창문에 드리운다

기력이 다한 노모를
어서 일어나 집에 가자고
흔들어 깨우고

어머니는 나에게
욕심을 버리고
편히 살아라 한다

과녁을 빗나간 유탄(流彈)처럼
벽에 부딪혀 서로 흩어지는 말들

떠나온 집을
잊으신 것일까

자꾸 퇴원이 미루어지는 입원실에서

저, 장엄한 선홍색 피돌기
펼쳐지는 저녁 하늘을 본다

## 납골당

큰 평수 아파트를 버리고
단칸방으로 이사 가신 어머니

처음 걸어봤을 문패
닫힌 문 앞에서
49일 만에 집들이를 한다

살림살이 하나 들이지 못하고
몸집도 한 홉으로 줄인
단출한 방

발 하나 들여놓지 못하고 서성거리다
어머니 손인 양
방문만 쓰다듬다 돌아오는 길

스산한 웅덩이에
몸 누이는 낙엽들,
그 위로 흰 눈이 내린다

# 추석

자그마한 봉분 속에
생(生)과 졸(卒)의 세월이
너무 짧은 비문으로 새겨져 있다

자라지 못하고
해마다 작아지는 무덤

묘비석에는
관리비 독촉장이
매년 쌓이는 공원묘지

아이를 묻었을 부모도
이미 이 지상에 없을 나이다

더 이상
이 세상에 남아 있을
이유가 없어진 듯
자꾸 작아져 가는 무덤

# 세밑

올해의 마지막 주일
아내가 성당에서 미사를 올리는 시간, 나는
물 한 병 달랑 걸망에 지고
짧은 출가를 한다

도반(道伴)도 없는 둘레길은 고요하고
걷고 또 걸으며
바람의 길을 따라간다

강변 가장자리
살얼음이 번져 나가는 물 위에서
시린 발을 구차하게 저어가며
아침먹이를 구하는 청둥오리들

서걱거리는 갈대숲에서는
새해를 맞이하기 위해
부지런히 방 청소하는 참새들

아침 해를 반사하며
한강의 한 해도
눈부시게 흘러간다

# 거울 앞에서

헤어 젤을 바르고
거울 앞에 오래 서 있다

내 몸에 DNA로 남아 있는
포마드를 바르던
아버지 얼굴이 재생된다

내가 가장 오랫동안 바라보았던
아버지의 모습

오사카 공원의 꽃사슴과
흑백사진 한 장으로 남아 있는
아버지의 젊은 날

전선(戰線)은 너무 먼 남지나
사랑을 나누는 공원의 연인들
고독하게 지켜봤을
고학생(苦學生)의 한때

지금 내 나이보다
조금 더 사셨던 아버지의 모습을
거울에서 보고 있다

# 3월

버들개지 솜털처럼 아련하게 화장을 하고 다가서면
뒤돌아 저를 보실런지요

옥빛 시냇물에 부서지는 햇살처럼 재잘거려야
당신은 저에게 고개를 기울이겠습니까

제 마음속에 울려 퍼지는 사랑의 노래가
노랑나비의 날갯짓처럼 좀처럼 착지하지 못하고
당신 귓가를 맴돌고 있나 봐요

터뜨리지 못한 목련 꽃봉오리처럼
잔뜩 긴장한 제 마음을
행여 눈치채셨나요

산 그림자에 갇혀
아직 퇴각하지 못한
겨울의 한 조각 같은 저를
한번 안아 주세요

창포로 머리 감는 버드나무 가지처럼
찰랑한 머릿결로 초록빛 언덕에 서면
그제서야 저를 찾으시겠습니까?

## 영정사진

마음으로만 이야기를 나누네요
어제보다 더 불편하냐고
더 아프냐고

그런 시시한 말일랑
이제 나누지 말자 하시네요
더 이상 울지 마라
웃으라 하시네요

그러나 누군가
흰 국화 한 송이 당신 앞에 올리고 눈물 떨구면
어머니와 함께했던 추억 하나가
나뭇잎처럼 훌쩍거리며 떨어지고
내 마음에는 파도가 일어요

어머니, 저와의 추억은 얼마나 될까요
조금씩 지우며 헤어질 연습을 오래 했는데도
아직 남아 있는 것들 헤아릴 수 없어요

아프고 슬픈 기억부터 지워내면
따뜻하고 행복한 일들 더 명료하게 떠오른다고
저는 어머니가 고마운데
저를 볼 때마다 고맙다고 말하셨지요

제가 받았던 태산 같은 고마움에
고맙다는 어머니 말씀이 더 쌓여
고마움의 산은 높아만 가네요

영정사진이 치워지는 내일이면
당신이 쌓아놓은 산에
산책하듯 걸어가겠어요
그곳에서 어머니를 매일 만나야겠어요

## 석별(惜別)

너를 만나러 왔던 길을
되짚어 간다

잦아진 눈바람
기우는 겨울 해는
발걸음이 빠르다

타고 갈 기차도
빠르게 오고 있을 것이다

반갑게 맞아주었던 플랫폼에서
네가 내민 선물을 받아든다

기차가 미끄러져 들어오고
문이 열린다

창밖으로 보이는
억새꽃처럼 흔들리는

너의 손

너는 보았을 것이다
내 처진 눈꺼풀과
불룩한 뱃살에서
첫사랑의 세월을

선물을 물끄러미 바라본다
내 손에 남아 있는
네 손의 온기도 함께 본다

# 대청소

두근거리지 않는 것들 버리기로 했다

버리지 못한 것들로 가득한 서랍 안은
온갖 번뇌로 가득 찬 내 마음속 같다

두근거리게 하지 못하는 것들
열심히 들어내면
아내는 나 몰래 다시 들여놓는다

내 마음을 흔들지 못하는 것들이
아직도 아내를 두근거리게 하나보다

아내가 일어나기 전
소리 나지 않게 그릇 몇 개를 훔치듯 안고 나온다

오래된 정물처럼
두근거리지 않는 나를 못 버리고
아내는 이렇게 끌어안고 살고 있나 보다

제3부

# 철 십자가 앞에서

내 마음을 짓누르던
돌 하나 가지고 왔다

너를
용서한다

네가
나를 용서하는 것은
내 일이 아니다

철 십자가 돌 언덕에
가지고 온 돌 하나 던져놓고
뒤돌아선다

## 라이딩

동행이 있다는 것은
페달에 힘을 넣어주는 것
먼 길이 지루하지 않다는 것

모래시계 언덕길을 넘는다
오르는 길은 안전하고
내리막길은 지뢰밭처럼 위험하다

허방을 딛는 것처럼
나를 제어할 수 없는 순간은
영원처럼 길다

내동댕이쳐진 내 몸이
두터운 통증에 덮여 누워 있다

생의 내리막길에서는 속도를 늦추어야지

구급차에 실려 가는 길

부러진 늑골들이 알려주는
교훈 하나를 신음처럼 뱉어낸다

# 빈 무덤

삼 일 만에 찾아가
열어본 돌무덤 비어 있네

비워야 비로소
부활하는 신비를 보네

내 안의 것들 비우기로 했네

내가 없는 세상 상관하지 않게
유언들 불살라버리고
텅 비어놓은 금고

빈 마음에
어떤 것들이 부활할까
궁금해지네

## 만추(晚秋)


은행나무 아래

겹겹이 쌓여 있는
은행잎을 밟고서

나는 당신과 마지막 인사를 했다

# 너에게 박수를

박수를 쳐봐
남이 아닌 너에게

네 박수 소리에
옆 사람도 덩달아 박수 치게 될 거야

밤비 젖은 날개 툴 툴 털어버리고
힘차게 울어대는 매미처럼 출근하는
너에게 박수를 쳐봐

차 안의 라디오에선 아침 음악
입 안에서는 아이스 아메리카노 커피 향
그런 사치에도 박수를 쳐봐

열쇠처럼 네가 있어야
열리는 일들이 기다리는
일터에 서 있는 너에게 박수를 쳐봐

오늘은
남이 아닌 너에게 박수를 쳐봐

너의 부재가 우주 운행에
차질을 줄지도 몰라

# 매미

자명종처럼
방충망의 매미가 나를 깨운다

땅속 긴 세월이 아깝게
헛물켜듯
잘못 찾아온 매미

울다 지쳐
모시이불 같은 날개 덮고 잠들어 있다

내가 되기 위해 견뎌냈던
세월 바라본다

여름 한철
엉뚱한 곳을 찾아가
나도 저렇게
구애하고 있는 것은 아닐까

# 여름밤

방충망으로 차단한
이웃들이 모여 사는 아파트

개 짖는 소리
매미의 그악스러운 울음이
잠을 깨운다

가끔은
은밀하게 침투한 모기 한 마리가
잠을 화들짝 달아나게 한다

모두가 소리 내 울고 싶은 것이다
크게 외쳐야 할 이유가 있는 것이다
살기 위해 남의 피를 빨아야 할 때도 있는 것이다

산산조각 난 잠의 파편들을 주워 담으며
어두운 시간을 바라본다

## 완벽한 타인*


한 계절을 뛰어넘는
겨울옷으로 갈아입고
영화관에 간다

짧게 다녀온 적도(赤道) 여행
뜨거웠던 추억을 버리고
겨울 같은 일상으로
돌아가기 위해서다

빈자리 하나
주위는 완벽한 타인들이다

낮의 시간에 나를 둘러싸고
앉아 있는 여자들
더러 캔맥주를 마시기도 한다

영화가 끝나고
무음의 핸드폰을 열어

비밀의 방 같은

문자메시지부터 확인한다

---

*이재규 감독의 영화 제목.

## 사각 가로수

도심의 가로수는
가끔씩 이발을 한다

정원사가 머리칼 다듬는 것과는 다르게
길가 플라타너스 나무들
네모진 아이스 바처럼
줄지어 서 있다

단발머리 소녀였던 때가 있었다
넘어서는 안 되는 국경의 바리케이드처럼
귓불과 머리끝을 오가던
눈금자의 서늘한 감촉

만화를 그리고 싶었는데
정물화만 그리게 했던
미술시간처럼

사각 가로수가 서 있다

# 가심비(價心比)

짝퉁 매장 앞에서
비둘기처럼 서성거린다

명품이 되지 못한 몸뚱어리에
아무거나 걸치면 됐지, 했다가

소중한 인생을 만들어준 내 몸에
명품 하나쯤은 선물해줘야지
뒤돌아 나오다

그래도
가성비(價性比)를 생각해서
짝퉁 가방 하나 걸치고 나오면

좋은 가심비(價心比)
어깨에서부터
발걸음으로 전해진다

# 강가에서


한강을 바라보고 있으면
시간이 어떻게 흐르는지를 알게 된다

물처럼 간격 없이
적요(寂寥)로 둘러싸인 영원 속으로
시간이 흐른다는 것을

열차가 떨어뜨리고 간 크나큰 소음도
강물에 내려앉으면
몇 번의 동심원을 그리다 이내 사라지고 만다

낙엽 지는 소리도
실은 마음 바닥에 부딪히며 내는
잠시의 진동일 뿐이다

양수(羊水) 속에서
바깥세상의 시끄러움을 애써 외면했듯
물고기들은 정밀(靜謐)에 몸을 맡기고

이따금 지느러미를 흔들며
시간에 실려 유영한다

쓸데없이 귀 크게 열어
모두가 내지르는 고함 듣는 일은 그만 두고
마침내 침묵 속으로
사라지는 시간에 귀 기울인다

강도 저물어 가고
가끔씩 벼락처럼 찾아온
이별에 어깨를 들썩이지만
그 또한 고요 속으로 사라진다

태풍이 휘젓고 지나간 강변길도
한 이틀 지나면
강물과 보폭을 맞추며 걸어갈 것이다

## 겨울 아침

이른 아침 골목길
폐지 줍는 노인의 손수레가 움직이네

고양이 눈처럼 앙칼진 바람
플라타너스 나뭇잎
아프게 끌고 가네

삼정슈퍼 희미한 불빛
막일꾼 구공탄 같은 담배
한 갑 들고 나오네

북경반점 사장
잠자는 오토바이 깨우면서
벌써 점심 장사 준비하네

흰 깃발 붉은 깃발 매달린 대나무 아래
징과 장구 조용히 잠자고 있는
장군 굿당만 한밤중이네

# 새벽 풍경

깜깜한 2월의 새벽
강남 대성학원 앞
롱 패딩으로 중무장한 학생들
각개전투 대형으로 모여든다

가끔씩
트로이 목마처럼 조용히 다가와
한 무더기 병사들을 쏟아놓고
떠나는 학원차들

새벽별 아래 몰려드는
잠을 유예한 전사들

인력시장에서
오늘 하루의 일자리도
꿰차지 못한 노동자 하나
그 곁을 지나간다

## 가을 산행

바람이 떠나갈 때마다
붉은 눈물 떨어뜨리며 흔들리는 나무

며칠 밤 추위에
떨켜들 움츠리며 덮던 이불이
꽃무늬로 일렁거린다

흔들리는 것들은
잠깐씩 멈출 때가 있다

술 한 잔에 요동치던 마음 잔잔해지고
해일 같은 울분조차 진정제 한 방으로
잠재울 수 있지만

수시로 흔들리는 마음 추스르기는
마음대로 되지 않을 때가 많다

한 달 분량의 행복을 처방 받으러

의사 앞에 앉는 것도
경계를 넘나드는 흔들림을 멈추게 하려는 것

순한 양처럼 한쪽으로 체머리를 흔들며
걸어가는 억새를 따라
동안거를 찾아가듯
늦가을 산길을 걷는다

## 전주역에서


지리산에서 달려온 산 능선들이
겹쳐 일렁이는 플랫폼에 서 있다

만날 때마다
와락 껴안던 우리들
오고 가는 기차처럼 수시로 서 있었다

언제부터인지 파업한 기관사처럼
드문드문 얼굴을 보이던 네가 남겨준 것들이
지금 담장 밖에 서 있다

잎들을 다 털어내고서야
모습을 드러낸 홍시들
크리스마스트리 불빛처럼
어둠 속에서 깜박거린다

기와를 머리에 이고 선 담벼락 아래
수북이 자란 풀들도 시들어 간다

서로 만나지 못하는
철로를 아프게 긁으며
멈춰 서는 기차

네가 떠나면서 남긴 말들
아직도 생채기처럼
소리를 낸다

## 바람의 길

물길처럼 바람의 길이 있다

밀밭 위에 물결을 그리며
달려가는 바람

계곡을 거슬러 올라가는 물고기 떼처럼
바람도 언덕길을 오른다

바람이 밟고 지나간 자리
누워버린 풀들 일어나지 않고
길이 된다

밤이 되면
별들의 길로 이어진다

제4부

# 비 내리는 까미노

갈리시아 까미노에
안개비 내리네

언뜻언뜻 보이는 들꽃들
가리비처럼 길을 안내하고

부엔 카미노
부엔 카미노
부끄러워 숨어 인사하는 어린 새들

그라시아스
그라시아스

인사말 건네는
순례자의 지팡이 소리도 젖어가네

## 해변의 모스크


바다에 한쪽 발을 담그고 서 있는
모스크 창밖에 앉아
말라카 해협을 카라반처럼 지나가는
유조선들을 바라본다

사막의 모래바람처럼
노을이 지는 해는
메카를 향해
느린 걸음을 옮기고 있다

여행객이 된 나의 안부를
궁금해 하는 이들에게
사진을 보낸다

아잔처럼 날아가는 사진 속 내 모습
사랑은 얼마나 깊어지고 간절해졌을까

메카를 향해 엎드려 기도하는

사람들과 등지고 앉아
내가 떠나온 곳을 향해
그사이 줄어든 내 몸집과
깊어진 눈빛을 보낸다

## 송년의식

지팡이를 챙기듯
생수 두 병을 배낭에 넣는다

산티아고 길을 순례하듯
올 한 해 마음에 남아 있는
돌덩이를 내려놓기 위해 먼 길을 떠난다

분분히 꽃잎 날렸던 벚꽃 길과
지열 뜨겁게 뿜어내던 포도(鋪道)에도
눈이 쌓인다

쌓인 눈으로 더 무거워진
억새꽃들의 십자가

동지의 어둠이 내리는 숲까지
종일 걷는 보속의 길

메타세쿼이아 바늘 같은 잎들이

백설기처럼 섞여 있는 길을

걷고 또 걷는다

## 광저우에서

이파리 하나 없는 가지에
불꽃같은 꽃들 피어나는
광저우 어느 골프장에서
라운딩하는 펑샨샨을 본다

대충 퍼팅을 끝내고
쫓아가 사진 촬영을 부탁한다
흔쾌히 응해주는 월드 스타의 품격

깜깜한 지하 수맥을 찾아
촉수를 아프게 내미는 뿌리들처럼
손등에 푸른 정맥이 완고하게 돋아나 있다

LPGA 경기도 아닌
설날 가족들과의 라운딩에서도
저 신중하기만 한 퍼팅

매번 명랑 골프만 치는

나의 형편없는 스코어에
더는 화내지 않기로 했다

# 와인의 샘

이라체 수도원
와인이 나오는 수도꼭지 앞에
많은 순례객들이 줄을 서 있네

나도
와인의 샘 앞에 서네

콸콸 쏟아지기를 바라는
마음과는 다르게
와인은 느리게 흘러나오네

막 빚어낸 와인을
페트병에 담아서 마시네

입 안을 감싸고도는 맛
세상에서 가장 황홀한 맛이네

## 루르드 성모

루르드 동굴 속에
열여덟 번이나 발현하신 성모 마리아님
푸른 수건을 들고 있네

치유의 기적을 기원하며
병든 이들 몰려오네

나도 이적(異跡)의 샘물로
눈을 씻네

입술을 적시고
한 모금 마시네

샘물에 담근 손으로
가슴에 성호를 긋네

# 피레네 산맥에서 묻다

생장에서 출발해
피레네 산맥을 넘는다

지팡이로 톡톡
잠자는 지신(地神)을
깨워 묻는다

나는 누구이고 인생은 무엇인가?

수많은 순례객들의 똑같은 질문에
산신(山神)의 노여움이
몸을 가눌 수 없게 큰 바람을 일으킨다

바짝 허리를 구부리고 걸어야 보이는 것,
한껏 몸을 낮추고 바람에 흔들리면서 피는
키 낮은 야생화를 본다

그래도 알아듣지 못하고

무엇을 버리고 가야 하는지 또 묻는다
순식간에 눈보라 속에 갇힌다

빠른 유속의 강물
거슬러 올라가며 떨어뜨리는
물고기 비늘 같은 눈물

그제서야
산의 정령(精靈)들
능선을 밀어 나를 감싸준다

## 야고보 님을 만나다


지팡이에 가리비 하나 달랑 매달고
천천히 걷는 당신을 만나요

어제 지나간 마을에서 사람들 모아놓고
무슨 말씀을 전하셨나요

혹시, 골목길에 숨어
당신이 하는 말 받아 적는
로마 병사를 보셨나요

나무 그늘 아래 잠시 쉬면서
그 말씀 저에게도 해주세요
제가 누구인지 어떻게 살아야 하는지
누구를 믿고 따라가야 하는지를요

당신은 길가 풀밭에 풀썩 앉으시네요
저도 당신 곁에 바짝 다가가요

얼마나 오랫동안 걸으셨는지
발가락이 온통 플라타너스 옹이처럼 되셨네요

편히 앉으라는 당신 말씀 고마워요
당신은 지팡이로 길가 들꽃을 가리키네요
돌멩이 하나 툭 치며 말씀하시네요

이제 저도 알겠어요
당신이 하시고자 하는 말씀
어두운 순례길에서도 저를 기다려주세요

별빛 가득한 들판 길을
조가비 하나 달랑거리며 걷는
당신을 따라 갈게요

하지만 순교장(殉教場)까지는 같이 갈 수 없어요
무서운 길 혼자 가시게 해서 미안해요

## 순례자

가도 가도 푸른 밀밭
노란 유채밭이 한 땀씩 수를 놓는다

지평선에 이어지는 황톳길
순례자 보이지 않고
구름 그림자와 함께 걷다가 헤어진다

뒤따라온 바람 하나
잠시 말동무 해주다 앞서간다

고요 속에서 들려오는 건
오직 내 발자국 소리
그만 울음이 터져 나온다

반나절을 걸어가야 나타나는 마을
오래된 성당이 느티나무처럼 앉아 있다

시간을 알려주는 종탑

마음 안에 한 겹 한 겹

종소리처럼 적요(寂寥)가 쌓인다

# 야고보 서(書)

원래 네 안에 있었던 것
분주함에 잠시 가려져 있었던 것

가리비가 잠깐 흔들었고
내 지팡이가 깨워냈을 뿐
세상 끝 말씀 전하러 가던 길
잠깐 같이 걸었을 뿐

걷고 걸은 순례길
실은 한 걸음 한 걸음
내면을 향해 걸어 들어갔던 길

잠자고 있던 사랑을 깨워냈던 것
영혼의 가장 깊은 곳에 도달했던 것

번다한 일들에 숨겨져 있던
네 안의 보물을 찾아냈던 것

호주머니의 돌 하나
철 십자가 아래 내려놓았을 때
마음 바닥에 고여 있던
평화 끄집어냈던 것

피레네 산맥 정상의 눈보라 속에서
죽음과 마주했던 순간
명징하게 드러났던 너의 실체

홀로 걷고 또 걷는 까미노의 침묵 속에서
들었던 네 영혼의 소리
삶의 버거움이 내내 누르고 있었던 소리

영혼의 휴식을 취하고 지혜를 얻어 돌아간
너를 기다리던 푸른 봄도
실은 네가 떠나올 때부터 그곳에 있었던 것

## 프랑크푸르트 공항

석양이 물러가는 울타리에
오렌지빛 등(燈)을 내걸고

보랏빛 관제탑에서
등대처럼 불빛을 던지면
샛별같이 다가와 착륙하는 여객기

금방 날아갈 듯 앉아 있는 공항청사 위로
까마귀 몇 마리 서둘러 귀가하는 저녁

나는 뚤루즈를 향해
몇 시간 더 가야 한다

멀고 먼 순례길을 가다
그늘 집처럼 잠시 쉬어가는
프랑크푸르트 공항

## 야고보의 길

팜플로나 언덕
산티아고 가는 길

푸른 밀밭 사이로
황토밭이 보인다

창백한 낮달이
내려다보는 길

마을 어귀 성당에서
민들레 꽃씨처럼
종소리 날려 온다

마음속의 원망 하나
길가에 떨어뜨리고 가면
양귀비꽃이 된다

## 하이, 야고보

당신의 순교 소식 듣고
한동안 눈과 귀 닫았어요
온몸이 흔들리던 오열

갑자기 몰아닥친
4월의 눈보라 피해 들어간
피레네 산맥 대피소

어둠 속에서
육포 하나 허기진 내 입에 넣어주시던
당신 손길 생각나네요

한기에 떨던 저에게 옷 벗어주시던
예수님의 제자

거친 바람 앞서 막아주며
저를 안내하던 당신 등은
무척이나 넓고 든든했지요

어깨 들썩이며
울던 등을 토닥거려주시던 당신

별이 무성한 밤
들길 앞장 서 걸으시며
가끔씩 뒤돌아 봐주던
그 모습 생각나네요

순교장에 뿌려졌던 핏자국도 희미해졌으니
많은 시간이 지났군요

한동안 읽을 수 없었던 당신 편지
이제 읽을 수 있네요

그때 길 위에서 만났던
저를 잊지 않으셨지요?

## 산티아고 대성당에서


국적을 알 수 없는 말들
왁자하게 골목을 휩쓸고 지나가네
지붕 위의 비둘기
구 구 구 성경을 읽어주네
성당의 종소리 책장을 넘기듯 날아오네

걸음을 멈춘 순례자의 담배 연기 속에서도
제단을 도는 사제의 향로 의식을 볼 수 있네
이제는 길가 어디에서도 야고보를 만나네

집으로 돌아가야 할 시간
야고보 님 등 뒤에서 허그로 이별 인사를 하네
어깨에 이마를 대고 지혜를 얻어가네

당신을 더 많이 사랑하게 됐다고
보고 싶을 거라고 울먹이네
살아가면서 힘들면
별빛 아래 걸어가는 당신을 생각하겠네

# 발자국 소리

앞서간 발자국 소리 멀어져 가고
내 발자국 소리 들려온다

내면에서 저벅거리는 소리
가끔씩 들려온다

다시 다가오는
순례자의 발자국 소리 멀어져 가면
내 발자국 소리 또 뒤따라온다

너를 향해 울부짖던 소리
나 홀로 울던 흐느낌도 지나간다

내일이면 풀벌레 소리 들릴까
길가 아몬드 꽃 열리는 소리 들릴까
신의 발자국 소리도 들을 수 있을까

# Camino de Santiago

  나는 알았네

  미루지 말고 일단 떠나야 한다는 것을, 배낭을 메고 문을 나서는 순간 순례는 시작된다는 것을, 오랜 준비로 망설이다 영원히 떠나지 못하거나 너무 늙어 출발하는 순례는 슬픔이거나 고통인 것을,

  산티아고 가는 길에서 알았네

  준비는 아무것도 아니라는 것을, 예상치 못한 일들 수시로 밀려와도 어떻게든 해결된다는 것을, 그것은 누군가의 사소한 도움이거나 사랑하는 이들의 기도라는 것을, 그것은 굳이 순례길에서만이 아니라 살아가는 내내 일어난다는 것을,

  나는 길을 걸으면서 알았네

  많은 책들이 주는 정보가 여행을 방해한다는 것을, 누구에게나 나만의 길이 있다는 것을, 길 위의 돌들도 때로는 오르막길 디딤돌 된다는 것을, 포장된 길보다 흙길이 먼 길 가는데 도움 된다는 것을, 바람은 앞을 가로막기도 하지만 힘든 언덕길 등을 밀어줄 때도 있다는 것을,

까미노를 걸으면서 알았네

머나먼 산티아고 길 젊은이들만의 길이 아니라는 것을, 아주 느리게 걷는 늙은이들 길이 더 아름답다는 것을, 죄는 걸은 거리만큼 사해지는 게 아니라 얼마나 깊이 통회하고 정성되이 보속하는가에 비례해서 사해진다는 것도

나는 알았네

가벼운 배낭을 짊어지고 얼마나 빨리 목적지에 도착했느냐가 아니라 많이 묵상하고 얼마나 깊어졌는가에 따라 순례의 여운이 오래 간다는 것을, 홀로 지팡이에 의지해 걷던 노인이 농장 문 너머로 고개 내민 말의 목을 쓰다듬을 때 말의 커다란 눈이 사랑한다고 말하는 것보다 더 사랑하는 것임을,

노모를 휠체어에 앉혀 밀고 가는 딸, 바퀴가 돌에 부딪히면서 내는 소리가 어느 고인에게 드리는 연도(煉禱)보다 더 울림 있다는 것을, 무거운 짐 손에 들고 며칠씩 걷는 노인을 보면서 누구에게나 감당해야 할 무게가 있다는 것도 나는 알았네

구글 지도보다 갈림길의 표석 하나 노란 화살표가 더 큰 도움이 된다는 것과 잠깐의 햇볕이 두꺼운 옷보다 더 따뜻하다는 것과 순례길에 무릎 꿇고 기도하는 모습이 길가의 야생화보다 더 아름답다는 것과 한 달을 넘게 걷는 모녀의 커다란 배낭이 천사의 날개일 수 있다는 것도 알았네

길가의 나무가 만들어낸 조그만 그늘에 숨어 소변을 보는 일이 부끄럽지 않을 때가 되면 순례가 끝난다는 것 너의 허물을 보면서 내 안에 더 큰 허물 있다는 것도 알았네 십자가에서 못 박힌 손을 빼내 용서하시는 예수님 고상(苦像)을 보면서 용서하지 못할 일 세상에 없다는 것도 알았네

길가 돌무더기에 먼저 떠난 자식의 사진 올려놓고 마지막 기도를 하고 돌아서는 순례자의 마음에서 사랑까지 내려놓고 갈 수 없음을 보았네

나는 이제 알았네
있는 그대로 너를 사랑해야 한다는 것과 내 곁에 있는 너를

무조건 포옹해야 한다는 것을, 순례길은 따로 있는 것이 아니라 하루하루 살아가는 일상이 순례길임을, 집에 도착하면 또 다른 순례가 시작된다는 것을

# 굿바이, 야고보

 오늘 또 만났네요 야고보 님, 저는 하루 쉬고 걸어요 어떻게 빨리 쫓아왔냐고요? 밋밋하고 따분한 구간은 버스로 건너뛰고 하이라이트 구간만 걸어요 인생에서 하이라이트 아닌 날이 어떻게 있을 수 있냐고요? 그렇게 말씀하시는 당신이 좋아 여기까지 온 거예요 수다스런 십자가 어지럽게 널려 있는 서울을 떠나 행동으로 믿음을 보여주시는 야고보 님, 내일이면 해야 할 일이 잔뜩 기다리는 집으로 저는 가야 해요 제가 사는 곳 가까이 오시면 저의 집에서 하룻밤 묵어 가세요 지팡이에 매달려 흔들리는 가리비도 하루쯤 쉬어야겠어요

**해설**

# 사모곡(思母曲)에서 출발하는 순례길

문성해 시인

　살아가는 모든 것은 냄새를 피운다. 이 냄새는 살아가는 것들만이 가질 수 있는 권리인 동시에 감내해야 할 수밖에 없는 슬픈 현실이기도 하다. 시골의 닭장 옆을 지나가거나 도시 외곽의 개사육장을 지날 때면 맞닥뜨리는 고약한 냄새들, 우리는 철마다 여행을 떠나길 희망하고 사랑하는 대상을 항상 곁에 두고 싶어 하지만 현실에서 이런 삶은 허락되지 않는다. 살아있다는 것은 고단한 일과 사랑할 수 없는 대상들과의 관계에서 늘 허덕거려야만 한다. 그뿐이랴, 사랑하는 대상들은 언제나 내 곁을 떠남으로써 사랑을 완성하려 한다. 부정하고 싶지만 살아가는 일이란 사랑할 수 없는 대상들과의 끝없는 불화의 연속으로 이루어진다. 삶은 끊임없이 닭장과 개사육장의 지독한 냄새를 피우는 일이다. 시인은 이러한 생의 비의(悲意)를 놓치지 않는 사람인 동시에 이런 비의를 자신만의 방식으로 적극적으로 해석하려는 사람이다. 독자들은 자신의 해석할 수 없었던 상처의 무늬를 그를 빌려 조금은 해독할 수 있게 된다. 그러므로 시인은 생활 속에서 일어나는 불화들과 그로 인한 상처들을 적극적으로 드러낼 필요가 있다. 그것은 진솔함을 얻는 일이고 더 나아가서 독자들의 공감을 얻는 일이기 때문이다.

    백수(白壽)를 앞둔 어머니를 뵈러
    고향에 갔네

    어머니와 둘이서
    잠을 잤지

    소소한 걱정 같은 건
    이미 낙엽처럼 털어내시고
    어머니는 겨울 나목처럼
    정갈하게 주무시네

    어둠 속에서 어머니는
    사라진 사람처럼 보이지 않아

창으로 스며든 달빛 속에서
이불 속 베개 하나처럼 들어가 있는
어머니를 겨우 찾아내네

언젠가 있을 소멸을
미리 준비하시는 어머니

어머니가 나를 안아 키웠듯
이제는 작아진 어머니를
내가 안아 재워드리고 싶네

—「노모」 전문

  최준렬 시인의 두 번째 시집은 '사모곡(思母曲)'이라고 할 수 있을 정도로 어머니에 대한 시편들이 많다. 또한 그에 관한 시들이 유독 가편(佳篇)인 것은 시인이 생전의 어머니를 그리는 마음이 절절해서일 것이다. 나를 태어나게 해준 어머니는 내 몸이 비롯된 기원(起源)이며 우주이다. 많은 시인들이 어머니를 시의 대상으로 삼는 것도 이러한 이유에서다. 시인에게 있어 어머니는 영원히 회귀하여야 할 땅이며 영원히 떠돌아야 할 우주이다. 아이에게도 엄마에게도 할머니에게도 또 그의 할머니에게도 모두 어머니가 있었다. 노인정 앞의 노인들도 '엄마' 이야기를 할 때는 천진난만한 표정의 아이가 되지 않던가.

"백수(白壽)를 앞둔 어머니를 뵈러" 간 시인이 "소소한 걱정 같은 건/이미 낙엽처럼 털어내시고" 겨울 나목처럼 정갈하게 주무시는 어머니를 들여다보는 장면은 눈물겹다. 어머니의 잠은 주어진 일과 걱정거리로 부산한 '아들'의 잠과 달리 이제는 모든 것을 내려놓은 살뜰하고 정갈한 잠이다. 그 잠은 무게를 털어버린 먼지처럼 소소하고 가벼운 잠이고 그 잠의 주인인 어머니마저 사라져버리게 한다. "어둠 속에서" "사라진 사람처럼 보이지 않"고 "언젠가 있을 소멸을/미리 준비하시는 어머니"는 아들의 손에서 점점 멀어져가기만 할 뿐이다. 세상의 모든 어머니들은 이렇듯 우주 속으로 소멸되어가는 존재들이다. 그것을 붙잡고 싶고 멈추게 하고 싶은 것은 그 대상이 나를 이 땅에 심어주고 키워준 존재이기 때문이다. "창으로 스미든 달빛 속에서/이불 속 베개 하나처럼 들어가 있는" 어머니를 겨우 찾아내는 시인의 모습은 얼마나 애처로운가! 또한 그 "이불 속"은 아침저녁으로 걷고 펴는 이 지상의 얇은 이불 속이 아니라 우리의 손이 가닿을 수 없는 먼 우주 속처럼 느껴짐은 어째서인가!

    큰 평수 아파트를 버리고
    단칸방으로 이사 가신 어머니

처음 걸어봤을 문패

닫힌 문 앞에서

49일 만에 집들이를 한다


살림살이 하나 들이지 못하고

몸집도 한 홉으로 줄인

단출한 방


발 하나 들여놓지 못하고 서성거리다

어머니 손인 양

방문만 쓰다듬다 돌아오는 길


스산한 웅덩이에

몸 누이는 낙엽들,

그 위로 흰 눈이 내린다

—「납골당」 전문


한 시집 안에서 시인은 살아계신 어머니와 돌아가신 어머니 모두를 얘기하고 있다. 이 생(生)과 사(死)를 넘나드는 사모(思母)의 심정은 이 시집을 든든하게 지탱하는 뼈대와도 같다. "큰 평수 아파트를 버리고/단칸방으로 이사 가신 어머니"의 방은, 벌컥 열면 어머니가 환히 맞아주실 것 같은 방이 아니라 먼 우주 속으로 옮겨간 방이다. 그 방은 육신을 담을 수 없는 방이며 또 다른 육신들이 들어갈 수 없는 방이다. 그곳은 "노모가 누워 있는 침대"(「소행성」)에서 "어머니와 눈을 맞추"(「소행성」)거나 "흰 머리칼"(「소행성」)을 바라볼 수 있었고 "손만 내밀면 언제나 잡을 수 있"(「소행성」)었던 육신의 어머니를 더 이상 만날 수 없는 곳이다.

"처음 걸어봤을 문패"를 건 어머니의 방 앞에서 시인은 "49일 만에 집들이를" 하러 왔다고 천연덕스럽게 말한다. 슬픔을 슬픈 방식으로 말하기는 쉽다. 그러나 그것을 다른 이야기로 에둘러 말하기는 쉽지 않다. "살림살이 하나 들이지 못하고/몸집도 한 홉으로 줄인" 어머니가 계시는 그 슬프고 막막한 방 앞에서 "발 하나 들여놓지 못하고 서성거리다/어머니 손인 양/방문만 쓰다듬다 돌아오는" 시인의 모습은 읽는 이의 가슴을 먹먹하게 만든다. 그 방은 눈물만이 스며 들어갈 수 있는 방이며 추억만이 사용할 수 있는 방임을 더 말해서 무엇하랴!

모든 것들의 절정에는 정적이 있다

날려 보낸 종이비행기
하강 직전의 정적을
봄의 절정에서 본다

푸른 섬진강 위로
포물선을 그리며 이동하는
해오라기의 비행궤적
꼭짓점에도 정적이 머문다

벚꽃터널 우듬지에는
낙화 직전의 수런거림이 멈춘
정적이 쌓여 있다

움직이면 꽃이 질까
팔 꼭 껴안고 서 있는 나무
순간,
정물이 되어버리는 벌들의 날갯짓

꽃술을 둘러싼 꽃잎
꽃잎을 움켜쥔 꽃받침의
조용한 악력 아래에서
걸음을 멈춘다

봄의 절정 속에
정적처럼 갇혀버린다

—「봄의 절정」 전문

화사한 봄의 절정 속에서 고즈넉하게 멈춘 정적을 발견해내는 일은 참으로 숨 가쁘게 기쁜 일이다. '절정' 속에서 '정적'을 발견할 수 있음은 시인으로선 행운이 아닐 수 없다. 받침을 빼면 '글꼴' 또한 비슷해서 시인은 이러한 발견을 놓치려야 놓칠 수가 없었을 것이다. 시인은 봄의 절정 속에서 "날려 보낸 종이비행기/하강 직전"의 정적과 "해오라기의 비행 궤적/꼭짓점"의 정적과 "벚꽃터널 우듬지"에서 "낙화 직전의 수런거림이 멈춘" 정적을 발견한다. 넘쳐나는 생명의 움직임들로 소란한 봄을 즐기는 것이 상춘객(賞春客)들의 일이라면 그 속에서 정지된 시간을 발견해내는 일은 시인의 일이다. 모든 사람이 봄의 생명력을 이야기할 때 고즈넉하게 멈춘 시간을 찾아내고 이야기할 수 있는 사람은 시인이다. 이 시를 읽으면 봄은 동적(動的)인 것이 아니라 정적(靜的)인 것에서 발견됨을 알 수 있다. 시인은 "움직이면 꽃이 질까/팔 꼭 껴안고 서 있는 나무"에서 "순간,/정물이 되어버리는 벌들의 날갯짓"들을 볼 수 있어야 하며 이 정적은 "꽃술을 둘러싼 꽃잎/꽃잎을 움켜쥔 꽃받침의/조용한 악력 아래"에서 비롯되고 있음을 발견할 수 있어야 한다. 이 시는 봄의 절정 속에 꼭꼭 숨어 있던 정적의 지느러미들이 시인의 섬세한 눈길 아래 정체가 드러나는 재미로 가득하다. 또한 "봄의 절정" 한가운데서 "정적"의 한 점으로 갇힌 시인은 휘발되기 직전의 봄에게 든든한 무게를 부여한다.

사이공 강 유람선

낯익은 듯 다가와

어디에서 왔느냐 너는 물었고

나는 Korea라 말한다


단정하게 손질한 머리와

주황색 셔츠가 눈부신 너는

유니폼 위 Kim으로 시작되는 이름표를

손가락으로 짚는다


너의 아버지는 다낭으로 상륙한

용감한 기관총 사수(射手)


어둠이 내려앉은 사이공 강

화려한 조명의 선상에 울려 퍼지는

"열여덟 딸기 같은 어린 내 순정

너마저 몰라주면 나는 나는 어쩌나"


어린 어미와 너는

사이공 강가에 앉아

무심히 떠내려가는 부레옥잠을

바라보다 집에 갔을 것이다

부초처럼 잠깐 머물다 떠나간 Kim 상사

어느새 너는
베트남 Kim씨 시조로 발아해
신화처럼 무성한 가계도를 그려 나가고 있다
—「라이 따이한」 전문

최준렬 시인의 이번 시집에서는 어머니에 관한 시에 이어 여행시들 또한 눈에 많이 띈다. 많다는 것은 시인이 그만큼 그곳에 막대한 시간을 쏟았고 그만큼 마음을 주었다는 말과 같다. 시인은 발바닥으로 이 땅을 딛는 자이고 발바닥으로 시를 쓰는 자이다. 견자(見者)였던 시인 랭보도 아프리카에서 얻은 풍토병으로 다리를 절단하고 나서 서른일곱이라는 젊은 나이에 죽음을 맞이하지 않았던가. 시인은 시간이 허락하는 한 세상을 발로 경험해야 한다.

이 시집에서 시인은 사이공, 모스크, 광저우, 싱가포르, 프랑크푸르트, 피레네 산맥, 산티아고 순례길 등 세계의 구석구석으로 독자들을 데리고 간다. 시인에게 있어 이 길은 여행길이기 이전에 사람들을 만나고 신과 교감하는 순례길임을 알 수 있다. 시인은 "광저우 어느 골프장에서/라운딩하는 평샨샨"(「광저우에서」)의 손등에서 "깜깜한 지하 수맥을 찾아/촉수를 아프게 내미는 뿌리들처럼" "푸른 정맥이 완고하게 돋아나 있"는 것을 보기도 하고, '피레네 산맥'에서 "나는 누구이고 인생은 무엇인가?"(「피레네 산맥에서 묻다」)라는 질문의 답을 "한껏 몸을 낮추고 바람에 흔들리면서 피는/키 낮은 야생화"(「피레네 산맥에서 묻다」)에서 발견하기도 한다. "가도 가도 푸른 밀밭/노란 유채밭이 한 땀씩 수를 놓는"(「순례자」) 오래된 성당 종탑을 지날 때는 "마음 안에 한 겹 한 겹/종소리처럼 적요(寂寥)가 쌓"이는 아름다운 경험을 한다. 마침내 "이제는 길가 어디에서도 야고보를 만나"(「산티아고 대성당에서」)게 되는 시인의 경험은 아름다움을 넘어 경이롭기까지 하다.

「라이 따이한」에서 시인은 베트남 젊은이의 뿌리에 관해 이야기한다. 사이공 강 유람선에서 한국인인 시인을 발견하고 "유니폼 위 Kim으로 시작되는" 자신의 "이름표를 손가락으로 짚"는 젊은이에게서 시인은 "다낭으로 상륙한/용감한 기관총 사수(射手)"인 그의 한국인 아버지를 생각해낸다. 아버지 없이 "어린 어미"와 "사이공 강가에 앉아/무심히 떠내려가는 부레옥잠을/바라보다 집에 갔을" 그에게서 "베트남 Kim씨 시조로 발아해/신화처럼 무성한 가계도"를 그려 나가게 될 그의 미래를 보는 일은 인간에 대한 따뜻한 관심 없이는 불가능하다. 이 시에서 유독 눈길이 머무는 부분은 "부초처럼"으로 대변되는 아버지와 어느 쓸쓸한 저녁의 강가에서 "부레옥잠을 바라보"다 돌아가는 모자의 대비되는 그림이다. 물 위에 떠 있지만 여러해살이를 하는 부레옥잠의 끈질긴 생명력은 부초처럼

날아간 아버지와는 대조적으로 질기게 살아온 모자의 삶을
잘 드러내준다.

>노인은
>오후의 시간에 왔다
>
>울먹이며 손자의 어미를
>찾아야겠다고 한다
>
>초등학생이 된 손자가
>엄마를 찾아오지 않으면
>학교에 가지 않겠다고 한다
>
>그 아이를 받았던 내게
>차트를 찾아보면
>어미의 주민등록번호라도 알 수 있지 않겠냐며
>통사정을 한다
>
>안 된다
>그건 안 되는 일이다
>손사래를 쳐서 내보낸다

엄마는 찾지 않는데
기억에도 없는 엄마를 아이는 왜 찾는 것일까

남의 일처럼 건조하게 물으면서
내 마음을 다독거린다

—「진료실에서」 전문

 시에서 알 수 있는 바와 같이 시인은 산부인과 의사이다. 산부인과는 매 순간 생명이 태어나는 곳이다. 시가 태어나는 것도 생명이 태어나는 것과 같다. 그런 의미로 모든 시인은 산파라고 해도 과언이 아닐 것이다. 그러나 모든 시인이 산파인 것과 달리 모든 산부인과 의사들이 다 시인일 수는 없다. 최준렬 시인은 '시'와 '생명'이라는 두 개의 탄생을 늘 집도해야 한다는 점에서 다른 시인들보다 더 무거운 짐을 어깨에 진 셈이다. 시와 생명의 탄생이 이루어지는 직업의 최전선에서 시인은 누구도 경험 못할 세계를 시로 빚어낸다.

 "엄마를 찾아오지 않으면 학교에 가지 않겠다"는 손주를 위해 "어미의 주민등록번호라도 알 수 있지 않겠냐"며 찾아온 노인에게 "안 된다/그건 안 되는 일이다/손사래"를 쳐서 내보내고 난 뒤 시인은 무슨 생각을 했을까? 아마도 그간 시인이 받아낸 수많은 아이들과 그 아이들이 살아갈 이 세계를 생각했을 것이다. 태어난 곳은 같은 병원이었지만 그 아이들이 모두 다 똑같은 조건으로 자랄 수는 없을 것이다. 이 세계가 그 아이들에게 든든한 배후가 되어주기를 시인은 잠시나마 생각하지 않았을까? 이 시에는 어린 손주를 위해 그 손주가 태어난 곳까지 찾아와서 며느리를 찾으려 하는 노인의 절박한 마음과 마음 같아서는 당장 알려주고 싶지만 직업상 그렇게 할 수 없는 시인의 갈등이 잘 드러나 있다.

치열한 직업의 현장을 느낄 수 있는 시가 단 한 편밖에 없다는 것이 못내 아쉬운 것은 비단 나만의 생각만은 아닐 것이다. 앞으로 세 번째, 네 번째 시집에서 독자들이 그 욕심을 맘껏 채울 수 있게 되기를 기대해본다.

새로 시작한다는 것은
매듭 하나를 맺고 가는 것이다

밤과 낮의 매듭
봄 여름 가을 겨울의 매듭
작년과 올해의 매듭

대나무가 하늘 높이
올라갈 수 있는 것도
매듭을 짓기 때문이다

매번 죄를 짓고 또 고백하는

내 고해성사의 의식도

매듭 같은 것이다

—「매듭」 전문

  한 해가 가면 나무에게는 나이테가, 사람에게는 나이가 생긴다. 나이는 사람에게는 주름을, 나무에게는 또 한 겹의 든든한 울타리를 준다. 나이는 한 사람에게 한 해를 정리하고 돌아보는 의미로 매듭과 같다. 시인은 "새로 시작하는 것"을 "매듭 하나를 맺고 가는 것"이라고 정의한다. 사람의 나이는 그 속에 든 수많은 매듭의 고리로 이루어져 있다. 그래서 노인의 딱딱한 피부는 잘 묶여진 매듭의 축적으로 보이기도 한다. 풀어지지 않도록 잘 묶여진 매듭을 가만 들여다보고 있으면 매듭은 매어진 형태를 넘어 그 행위를 할 때의 마음가짐을 더 들여다보게 하는 낱말임을 알 수 있다. 시인은 눈에 보이는 일차원적인 매듭을 넘어 "밤과 낮" "봄 여름 가을 겨울" "작년과 올해" 등 이 세계의 모든 자연물 속에도 누군가가 묶어둔 매듭이 숨어 있음을 발견한다. 또한 시인은 "하늘 높이/올라"가는 대나무와 "매번 죄를 짓고 또 고백하는/내 고해성사의 의식" 속에서도 매듭을 발견한다. 그러고 보면 불가피한 어려움 끝에 맺게 되는 마음속 매듭이야말로 이 불가해한 세계 속을 살아가는 힘이 되기도 한다.

긴 성묫길에서 돌아온 지친 몸을

온탕에 부풀려

세신사에게 맡긴다


여진족의 언어처럼

귀에 잘 들어오지 않는 발음과

청나라의 무력이 전해지는 지압(指壓)

헤아릴 수 없는 무뚝뚝한 표정이다


때를 밀어서 떼돈을 벌어

흑룡강변에 멋진 집을 지을 꿈이

잠깐의 미소로 피었다 진다


강 위에 떠 있을

한가위 달


그리운 향수와

이국의 고단함을

세신사 손끝에 배어 있는

담배 냄새에서 맡는다

—「세신사(洗身師)」 전문

시집 곳곳에는 시인의 눈 속을 방금 빠져나온 듯 물기 어린 시의 대상들이 자리하고 있다. "분만실 같은 산란탑을/야간 당직하듯 지키는 금강어름치"(「산란탑」)와 "자라지 못하고/해마다 작아지는 무덤"(「추석」)과 "오래된 정물처럼/두근거리지 않는 나를 못 버리고"(「대청소」) 살아가는 아내에 이어 "수화물의 태그처럼 새겨진"(「문신」) 발목에 문신을 한 여자와 "내 몸에 DNA로 남아 있는/포마드를 바르던"(「거울 앞에서」) 아버지와 "강물에 내려앉으면 몇 번의 동심원을"(「강가에서」) 그리며 지나가는 열차의 소음들이 그러하다. 시인은 이러한 낡고 가련한 것들에게 가치와 의미를 부여하고 든든한 배후가 되어준다. 아무도 돌보지 않는 것들을 오래 돌아봐 주고 끊임없는 관심을 가져줄 때 좋은 시가 태어남은 말할 나위도 없다.

지금은 '세신사'라는 버젓한 이름이 있지만 한때 '때밀이'로 불리던 직업이 있다. 그들의 이야기가 시나, 소설, 영화나 연극으로 만들어졌던 것은 그들이 인간의 몸을 만지고 닦고 보살펴주는 역할을 하였기 때문이 아니었을까? 인간이 인간의 몸을 씻어준다는 거, 자신에게 달린 '팔'이라는 몸의 기관으로 다른 사람의 때를 밀고 물을 끼얹고 깨끗하게 만들어준다는 건 어떤 의미로 고결한 일이다. 아무도 하지 않는 일을 묵묵히 감내하면서 살아가는 수많은 이 땅의 세신사들이 지금도 예술의 소재가 되는 것은 그러한 이유 때문이 아닐까. 그

앞에서는 누구나 '맨손' '맨발'의 벌거벗은 몸이 될 수밖에 없으니 세신사야말로 조물주나 신에 가까운 존재들이다.

"긴 성묫길에서 돌아온" 시인의 몸을 씻어주러 온 이는 아마도 "여진족의 언어처럼/귀에 잘 들어오지 않는 발음과/청나라의 무력이 전해지는 지압(指壓)"을 쓰는 중국인이었던 모양이다. 시인은 "여진족의 언어"와 "청나라의 무력이 전해지는 지압(指壓)"을 가진 "무뚝뚝한 표정"의 남자를 한순간 "한가위 달빛" 휘영청한 "흑룡강변" 아래로 데려간다. 그곳은 '세신사'인 그가 세신사 이전으로 돌아갈 수 있는 곳이며 "때를 밀어서 떼돈을 벌"어서 갈 수 있는 유토피아 같은 곳이다. 시인은 그곳을 상상해냄으로써 힘든 직업의 그에게 잠깐의 휴식을 준다. 이러한 상상에 구체적인 힘을 실어주는 것은 "세신사 손끝에 배어 있는 담배 냄새"이다. 매일 물속에서 씻고 닦는 손인데도 손가락 끝에 절어 있는 그 냄새는 먼 이국에서의 삶이 얼마나 고된 것인가를 우리에게 다시 한 번 일깨워준다.

노을이 커튼처럼
병실 창문에 드리운다

기력이 다한 노모를
어서 일어나 집에 가자고
흔들어 깨우고

어머니는 나에게
욕심을 버리고
편히 살아라 한다

과녁을 빗나간 유탄(流彈)처럼
벽에 부딪혀 서로 흩어지는 말들

떠나온 집을
잊으신 것일까

자꾸 퇴원이 미루어지는 입원실에서
저, 장엄한 선홍색 피돌기
펼쳐지는 저녁 하늘을 본다

—「병실에서」 전문

"노을이 커튼처럼" 드리운 병실에서 시인과 어머니는 서로 다른 말을 하고 있다. 시인은 "기력이 다한 노모를/어서 일어나 집에 가자고" 하고 어머니는 시인에게 "욕심을 버리고/편히 살아라"고 하신다. 같은 공간에 있지만 서로 다른 쪽을 바라보는 대화만큼 적막한 것이 있을까? 그것은 대화이기보다는 차라리 독백에 가까울 것이다. 어머니와 시인의 맞물리지 못하고 자꾸만 비껴가는 두 개의 대화는 "과녁을 빗나간 유탄(流彈)처럼/벽에 부딪혀 서로 흩어"지기 마련이다. "떠나온 집을/잊으신" 어머니와 어서 빨리 어머니의 집으로 돌아가서 어머니와의 인연을 예전처럼 이어가고 싶은 시인의 안타까운 모습은 "노을이 커튼처럼" 둘러쳐진 저녁 시간과 맞물려 쓸 쓸함이 극에 달한다. 그렇기에 "자꾸 퇴원이 미루어지는 입원실에서" 바라보는 "저, 장엄한 선홍색 피돌기"마저 시인은 예사롭게 볼 수가 없었을 것이다. 시인에게 있어 그곳은 "떠나온 집"을 자꾸만 잊어버리시는 어머니가 머지않아 이사 가실 새 주소이기 때문이다.

　최준렬 시인의 두 번째 시집은 어머니의 죽음과 그로 인한 그리움을 극복하기 위해 오른 순례길의 여정으로 이루어져 있다. 또한 이 시집은 눈앞에 닥친 슬픔을 직접적으로 토로하지 않고 다른 방식으로 승화시키려는 시인의 눈물겨운 노력의 결실이다. 당장의 슬픔이 이 땅에 뿌려지는 일할의 눈물로 그치지 않고 확장되어 사물과 자연물 더 나아가 우주 속의 한 지점으로까지 번져나가는 힘을 얻기란 쉽지 않다. 번지고 번져 사물과 자연물 속에 둥근 사유의 방을 트는 시의 눈길이 참으로 먹먹하고 귀하다.

이 도서의 국립중앙도서관 출판시도서목록(CIP)은 서지정보유통지원시스템 홈페이지(http://seoji.nl.go.kr)와 국가자료공동목록시스템(http://www.nl.go.kr/kolisnet)에서 이용하실 수 있습니다.(CIP제어번호: CIP2020007080)

**문학의전당 시인선 0318**

# 당신이 자꾸 뒤돌아보네

ⓒ 최준렬

| | |
|---|---|
| 초판 1쇄 발행 | 2020년 2월 27일 |
| 초판 2쇄 발행 | 2020년 3월 30일 |
| 지은이 | 최준렬 |
| 펴낸이 | 고영 |
| 책임편집 | 이리영 |
| 디자인 | 헤이존 |
| 펴낸곳 | 문학의전당 |
| 출판등록 | 제448-251002012000043호 |
| 주소 | 충북 단양군 적성면 도곡파랑로 178 |
| 전화 | 02-852-1977 |
| 전자우편 | sbpoem@naver.com |

ISBN  979-11-5896-457-3  03810

\* 이 책의 판권은 지은이와 문학의전당에 있습니다.
\* 양측의 서면 동의 없는 무단 전재 및 복제를 금합니다.
\* 잘못 만들어진 책은 바꿔드립니다.